AF285970

Babybauch im Advent

Mama

EIN NAME, GETRAGEN VON MILLIARDEN VON FRAUEN,

IN ALLEN ZEITEN UND AUF ALLEN KONTINENTEN DIESER ERDE.

EIN WORT, DAS LIEBE AUSDRÜCKT, ZÄRTLICHKEIT, VERBUNDENHEIT,

MANCHMAL WARTEN, ABWESENHEIT.

DOCH WENN SIE IHR KIND IM ARM HALTEN, SIND ALLE MAMAS GLEICH.

NÄMLICH EINZIGARTIG.

„Mama" von Helène Delforge

Dieses Buch gehört:

....

und

....

Einleitung

Liebe werdende Mama,

willkommen zu diesem einzigartigen Abenteuer - der Reise in die Mutterschaft. Diese Reise ist voller erster Male, aufregender Erfahrungen und unvergesslicher Momente, die dich und dein Leben für immer verändern werden.

Dieses Buch ist dafür gedacht, dich durch diese besondere Zeit zu begleiten und dir dabei zu helfen, die kleinen und großen Freuden der Schwangerschaft festzuhalten. Jede Seite stellt eine Aktivität dar, die dir helfen soll, dich auf das Wunder der Geburt vorzubereiten, und die gleichzeitig dazu dient, diese kostbaren Monate für immer in Erinnerung zu behalten.

Ob du Gedanken und Träume niederschreibst, das perfekte erste Outfit aussuchst oder Ankunft deines Babys mit einem selbstgebastelten Weihnachtsbaumschmuck feierst - jede Aktivität ist eine Möglichkeit, eine Verbindung zu deinem wachsenden Baby zu knüpfen und dich auf die spannende Reise vorzubereiten, die vor dir liegt.

Vergiss nicht, dass es keine Regeln gibt. Führe dieses Buch so, wie es sich für dich richtig anfühlt. Vielleicht möchtest du jeden Tag ein kleines bisschen hinzufügen, oder du setzt dich einmal pro Woche hin und füllst mehrere Seiten auf einmal aus. Vielleicht bewahrst du das Buch an einem besonderen Ort auf oder trägst es immer bei dir. Das Wichtigste ist, dass dieses Buch ein Spiegel deiner persönlichen Erfahrungen, Wünsche und Träume ist.

Genieße jede Minute dieser außergewöhnlichen Reise, liebe werdende Mama. Wir hoffen, dass dieses Buch dir hilft, diese besondere Zeit zu schätzen, zu genießen und in deinem Herzen zu bewahren.

1. Dezember

«Die Liebe einer Mutter teilt sich nicht zwischen den Kindern, sie vervielfältigt sich».

MARIA THERESIA

Momentaufnahme der Vorfreude

Mache ein Bild von deinem wachsenden Babybauch und schreibe dazu einige Worte. Wie fühlst du dich? Ist das Baby aktiv? Diese Momente sind einzigartig und verdienen es, festgehalten zu werden.

ANLEITUNG

Finde einen ruhigen und hellen Ort in deinem Zuhause. Mache ein Foto von dir selbst, das deinen Babybauch zeigt. Nimm dir einen Moment Zeit, um zu reflektieren und einige Worte dazu zu schreiben, wie du dich gerade fühlst, was du gerade denkst oder welche Hoffnungen und Wünsche du für dein Baby hast.

2. Dezember

Baumschmuck: Zeige deine Kreativität!

Bastle eine besondere Weihnachtsbaumdekoration, die die Ankunft deines Babys feiert.

ANLEITUNG

Du benötigst Filz in verschiedenen Farben, Garn, eine Nadel und Füllmaterial (z.B. Baumwollwatte). Zeichne eine Form auf den Filz, z.B. einen Strampler, ein Herz, oder einen Stern. Diese Form sollte groß genug sein, um sie leicht ausschneiden und besticken zu können. Schneide die Form zweimal aus. Besticke oder bemale eine der Formen nach Belieben mit dem Namen deines Babys oder dem voraussichtlichen Geburtsdatum. Dann nähe die beiden Formen mit dem Garn zusammen, lass dabei eine kleine Öffnung für das Füllmaterial. Fülle die Form und nähe dann die Öffnung zu. Befestige einen Faden an der Form, damit du sie aufhängen kannst.

Wie möchtest du, dass die erste Weihnachtszeit deines Babys sein wird?

Welche Weihnachtstraditionen aus deiner eigenen Kindheit möchtest du mit deinem Baby teilen?

Was bedeutet die Ankunft deines Babys für dich in dieser festlichen Jahreszeit?

Weihnachtslied fürs Baby

Schreibe ein einfaches Weihnachtslied für dein Baby. Es muss kein professionelles Gedicht sein, sondern einfach eine liebevolle Botschaft von dir zu deinem Kind. Du kannst auch eine bekannte Melodie verwenden und den Text anpassen.

ANLEITUNG

Denke an Dinge, die du mit deinem Baby teilen möchtest. Vielleicht sind es Weihnachtstraditionen, Liebe und Zuneigung, oder einfach nur Wünsche für sein Leben. Schreibe diese Gedanken auf und versuche, sie in einfache Reime zu verwandeln. Du könntest zum Beispiel die Melodie von "Jingle Bells" oder "Stille Nacht" nehmen und den Text entsprechend ändern.

4. Dezember

Liebesbotschaft in Tinte

Nimm dir Zeit, um einen Brief an dein ungeborenes Kind zu schreiben. Teile deine Gefühle, Hoffnungen und Träume für dein Kind.

ANLEITUNG

Suche dir einen ruhigen Ort, an dem du dich wohlfühlst. Nutze diese Zeit der Stille, um deine Gedanken und Gefühle zu reflektieren. Was möchtest du deinem Kind sagen? Wie stellst du dir seine Zukunft vor? Was sind deine Wünsche für ihn oder sie? Schreibe all das in deinem Brief nieder.

5. Dezember

Weihnachtsbäckerei

Backe ein paar weihnachtliche Kekse. Nicht nur, dass es Spaß macht und lecker ist, das Backen kann auch eine wunderbare Möglichkeit sein, sich zu entspannen.

ANLEITUNG

Hier ist ein einfaches Rezept für Vanillekipferl. Du brauchst:

· 200g Mehl
· 175g Butter
· 75g Zucker
· 2 Eigelb
· 100g gemahlene
  Mandeln
· 1 Prise Salz
· 1 Päckchen

Vanillezucker.

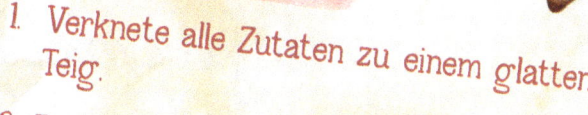

1. Verknete alle Zutaten zu einem glatten Teig.

2. Forme den Teig zu einer Rolle und schneide sie in kleine Stücke. Forme jedes Stück zu einem kleinen Halbmond.

3. Backe die Kekse bei 175°C für etwa 10-15 Minuten oder bis sie goldbraun sind.

4. Lasse die Kekse abkühlen und bestreue sie mit Puderzucker.

ANMERKUNGEN:

6. Dezember

Babynamen-Brainstorming

Verbringe etwas Zeit mit dem Brainstorming von Babynamen. Du könntest Listen von Jungen- und Mädchennamen erstellen, die du magst, oder, wenn du das Geschlecht deines Babys kennst, dich auf passende Namen konzentrieren.

ANLEITUNG

Schreibe alle Namen auf, die dir einfallen. Überlege, was dir an diesen Namen gefällt - die Bedeutung, wie sie klingen oder welche Personen oder Charaktere sie dir in den Sinn bringen.

Wie stellst du dir dein Kind mit diesem Namen vor? Was bedeutet dieser Name für dich? Gibt es besondere Familien- oder kulturelle Traditionen, die du bei der Namensgebung berücksichtigen möchtest?

BABYNAMEN:

ANMERKUNGEN:

7. Dezember

Das erste Weihnachtsgeschenk

Bereite das erste Weihnachtsgeschenk für dein ungeborenes Baby vor. Es könnte ein kleines Spielzeug, ein Lied oder eine handgeschriebene Karte sein.

ANLEITUNG

Überlege dir, was du als erstes Geschenk für dein Baby möchtest. Es kann etwas sein, das du selbst gemacht hast, oder etwas, das du gekauft hast. Es sollte von Herzen kommen und für dich und dein Baby eine besondere Bedeutung haben.

Was ist das besondere an diesem ersten Geschenk? Was hoffst du, dass dein Kind in Zukunft über dieses Geschenk denkt? Wie symbolisiert dieses Geschenk deine Liebe und Hoffnung für dein Kind?

8. Dezember

"Ich denke immer wieder, dass bedingungslose Liebe ein Mythos ist. Nur wegen meiner Mutter weiß ich, dass sie echt ist"

CONOR OBERST

Weihnachtspost aus dem Herzen

Gestalte eine Weihnachtskarte speziell für dein Baby. Es kann ein schönes Andenken sein, um das erste Weihnachten deines Babys (auch wenn es noch in deinem Bauch ist!) zu feiern.

ANLEITUNG

Du kannst eine Karte basteln oder eine kaufen und sie dann personalisieren. Schreibe eine besondere Botschaft an dein Baby, etwas, was du ihm an seinem ersten Weihnachtsfest sagen möchtest.

Was bedeutet es für dich, dieses Weihnachten als zukünftige Mutter zu feiern? Was sind deine Wünsche für dein Kind an diesem Weihnachtsfest und für die zukünftigen Feiertage?

Hier kannst du ein Foto deiner Karte einkleben und etwas dazu schreiben.

....

....

....

....

....

....

....

....

....

9. Dezember

"Meine Mutter hatte nichts als Liebe – das beste in mir: Ich habe es von ihr."

PETER ROSEGGER

Familientraditionen

Mit der Ankunft eines neuen Familienmitglieds ist es eine schöne Gelegenheit, über die Traditionen nachzudenken, die du in deiner neuen Familie etablieren möchtest. Was sind die Rituale, die du aus deiner eigenen Kindheit übernehmen möchtest und was möchtest du vielleicht neu einführen?

ANLEITUNG

Denke über deine liebsten Weihnachtstraditionen nach. Schreibe diese auf und überlege, welche du beibehalten, ändern oder neu einführen möchtest.

Was sind deine liebsten Weihnachtserinnerungen aus der Kindheit? Was hat diese Zeit so besonders gemacht? Welche neuen Traditionen möchtest du für dein Baby schaffen?

10. Dezember

2. ADVENT

Kleider machen Leute

Nimm dir Zeit, um die erste Kleidung auszuwählen, die dein Baby tragen wird. Dieser winzige Body oder diese kleine Mütze werden ein besonderer Moment sein, wenn du sie deinem Neugeborenen anziehst.

ANLEITUNG

Wähle etwas Weiches und Bequemes aus, das leicht anzuziehen ist. Es könnte ein Body sein, den du selbst gekauft oder von jemandem geschenkt bekommen hast. Vielleicht gibt es auch ein Familienstück, das von Generation zu Generation weitergegeben wird.

Was fühlst du, wenn du diese kleinen Kleidungsstücke in den Händen hältst? Kannst du dir vorstellen, wie dein Baby darin aussieht? Was hoffst du, dass dein Kind in Zukunft über dieses Kleidungsstück denkt?

Klebe hier ein Foto der Kleidung ein.

....

....

....

....

....

....

....

....

....

11. Dezember

"Keine Weisheit, die auf Erden gelehrt werden kann, vermag uns das zu geben, was ein Wort, ein Blick der Mutter gibt."

WILHELM RAABE

Babybauch bemalen

Das Bemalen deines Babybauchs kann eine lustige und kreative Aktivität sein, die dir auch hilft, eine Verbindung zu deinem ungeborenen Baby herzustellen. Du kannst ein festliches Motiv oder etwas wählen, das eine besondere Bedeutung für dich hat.

ANLEITUNG

Verwende hautfreundliche Farben und Pinsel. Du könntest einen einfachen Weihnachtsbaum, Sterne, dein Baby als kleine Schneeflocke oder etwas ganz anderes malen. Du könntest auch jemanden bitten, dir dabei zu helfen.

Wie fühlst du dich, wenn du deinen Bauch bemalst und eine Verbindung zu deinem Baby herstellst? Welche Bilder oder Symbole haben für dich eine besondere Bedeutung und warum?

12. Dezember

Mama-Wellness-Tag

Gönn dir inmitten der Weihnachtsvorbereitungen einen Tag voller Entspannung und Wohlbefinden. Plane einen Entspannungstag mit einem warmen Bad, einer Gesichtsmaske und einem guten Buch.

ANLEITUNG

Bereite dein Bad vor, indem du es mit warmem Wasser füllst und eventuell Badesalz oder ätherische Öle hinzufügst. Lege eine Gesichtsmaske auf und lese ein gutes Buch, während du im Bad entspannst.

Wie fühlst du dich nach diesem Tag der Selbstfürsorge?
Welche Rituale könntest du beibehalten, um dich auch
nach der Geburt zu entspannen und zu erfrischen?

Babyzimmer Ideen

Es ist an der Zeit, kreativ zu werden und Ideen für die Gestaltung des Babyzimmers zu sammeln. Du kannst zeichnen, schreiben oder Bilder aus Zeitschriften ausschneiden, um ein visuelles Konzept zu erstellen.

ANLEITUNG

Überlege dir, welche Farben, Möbel und Dekorationen du im Zimmer deines Babys haben möchtest. Du kannst diese Ideen aufzeichnen oder aufschreiben. Vergiss nicht, auch an die praktischen Aspekte zu denken, wie z.B. einen Wickeltisch oder Stauraum.

Wie stellst du dir das ideale Kinderzimmer vor? Gibt es bestimmte Themen oder Farben, die du verwenden möchtest? Wie fühlst du dich, wenn du dir vorstellst, Zeit mit deinem Baby in diesem Raum zu verbringen?

14. Dezember

"Das Herz einer Mutter ist das Schulzimmer ihres Kindes."

HENRY WARD BEECHER

Meditation für dich und dein Baby

Meditation kann während der Schwangerschaft sehr hilfreich sein, um Stress abzubauen und eine tiefe Verbindung mit deinem ungeborenen Kind aufzubauen. Heute versuchen wir eine Schwangerschafts-Meditation.

ANLEITUNG

Suche dir einen ruhigen und gemütlichen Ort. Setze oder lege dich bequem hin und schließe deine Augen. Atme tief ein und aus, und stelle dir vor, wie jede Ausatmung mehr Entspannung in deinen Körper bringt. Du kannst dir auch vorstellen, wie du bei jeder Einatmung Liebe und Schutz zu deinem Baby schickst. Du kannst 5, 10, 15 Minuten oder länger meditieren, je nachdem, wie du magst.

Wie hast du dich während und nach der Meditation gefühlt? Hast du eine Veränderung in deinem Stresslevel oder deinem emotionalen Zustand bemerkt?

....
....
....
....
....
....
....
....
....
....
....
....
....
....
....
....
....
....
....
....
....
....

Geschenke für das Baby

Die Vorfreude auf die Ankunft deines Babys kann durch das Auswählen und Vorbereiten von Geschenken noch verstärkt werden. Heute erstellen wir eine Liste von Dingen, die du für dein Baby kaufen oder herstellen möchtest.

ANLEITUNG

Denke über Dinge nach, die dein Baby in den ersten Monaten brauchen könnte. Es könnte praktisches Zubehör, Kleidung, Spielzeug oder Bücher sein. Notiere diese Dinge und plane, wann und wo du sie kaufen oder herstellen willst.

Was sind die Dinge, die du dir als erstes für dein Baby wünschst? Gibt es etwas, das du selbst herstellen möchtest?

_____

_____

_____

_____

_____

_____

_____

_____

_____

_____

_____

16. Dezember

"Bei der Geburt werden nicht nur Babys geboren, sondern auch Mütter – starke, zuverlässige, fähige Mütter, die an sich selbst und ihre innere Stärke glauben."

BARBARA KATZ ROTHMAN

Babys erstes Fotoalbum

Ein Fotoalbum ist eine schöne Möglichkeit, Erinnerungen festzuhalten. Heute beginnen wir, ein Fotoalbum für dein Baby zu erstellen.

ANLEITUNG

Sammle einige Fotos von dir während der Schwangerschaft, Ultraschallbilder, Bilder vom Babyzimmer, Geschenken für das Baby, und was dir sonst noch einfällt. Du kannst auch leere Seiten für zukünftige Fotos lassen, wie das erste Bild von dir und deinem Baby, das erste Familienfoto, usw.

Welche Erinnerungen möchtest du in diesem Album
festhalten? Gibt es bestimmte Meilensteine oder Momente,
auf die du dich besonders freust, sie zu dokumentieren?

17. Dezember

"Mit einer Kindheit voll Liebe, kann man ein ganzes Leben lang haushalten."

JEAN PAUL

3. ADVENT

Gemütlicher Filmabend

Heute planen wir einen gemütlichen Filmabend zu Hause. Eine Pause vom Alltagsstress und Zeit für dich selbst ist wichtig. Was könnte da besser passen als eine schöne Tasse Tee oder Kakao, eine warme Decke und ein toller Film?

ANLEITUNG

Wähle deinen Lieblingsfilm oder eine Serie aus, die du schon lange anschauen wolltest. Bereite deinen Lieblingssnack und ein Getränk vor und mache es dir auf dem Sofa oder im Bett gemütlich.

Welcher Film oder welche Serie hast du dir angeschaut? Warum hast du dich gerade für diesen Film oder diese Serie entschieden?

18. Dezember

Geschichtenbuchauswahl

Das Vorlesen für dein ungeborenes Baby kann eine wundervolle Möglichkeit sein, eine Bindung aufzubauen und die Vorfreude auf seine Ankunft zu steigern. Heute wählen wir einige Kinderbücher aus, die du für dein Baby kaufen oder ausleihen möchtest.

ANLEITUNG

Denke an die Bücher, die du als Kind geliebt hast oder an neue Titel, die du entdeckt hast. Du könntest auch in einer Buchhandlung oder Bibliothek stöbern, um neue Bücher zu entdecken.

Was sind deine liebsten Kindheitsbücher?

Welche Art von Geschichten möchtest du mit
deinem Kind teilen?

Buchtitel: ....

Autor: ....

Meine Gedanken zu diesem Buch:

....

....

....

....

....

Buchtitel: ....

Autor: ....

Meine Gedanken zu diesem Buch:

....

....

....

....

....

Buchtitel: ....

Autor: ....

Meine Gedanken zu diesem Buch:

....

....

....

....

....

Buchtitel: ....

Autor: ....

Meine Gedanken zu diesem Buch:

....

....

....

....

19. Dezember

Babys erste Geschichte

Heute schreibst du eine erste kurze Geschichte für dein Baby. Du kannst eine beruhigende Schlafenszeitgeschichte schreiben oder eine lustige Abenteuergeschichte. Es könnte eine Fantasiegeschichte sein, die du deinem Baby vorlesen kannst, wenn es älter ist.

ANLEITUNG

Nimm dir ein paar Minuten Zeit, um über die Art der Geschichte nachzudenken, die du schreiben möchtest. Willst du, dass sie lehrreich ist? Oder einfach nur Spaß macht? Vielleicht möchtest du eine bestehende Geschichte neu erzählen? Wenn du ein Thema hast, fang an zu schreiben. Lass deiner Kreativität freien Lauf!

20. Dezember

Gemeinsame Aktivität mit dem Partner

Es ist wichtig, während der Schwangerschaft auch Zeit mit dem Partner zu verbringen und die Vorfreude zu teilen. Plane eine besondere Aktivität, die du zusammen mit deinem Partner machen kannst.

ANLEITUNG

Denke an etwas, das ihr beide gerne zusammen macht. Vielleicht ein Spaziergang im Park, ein Abendessen zu Hause oder ein Filmabend. Oder etwas Neues ausprobieren, wie einen Kochkurs oder einen Online-Tanzkurs.

Was habt ihr zusammen gemacht?

Was hat euch an dieser gemeinsamen Zeit am besten gefallen?

....

....

....

....

....

....

....

....

....

....

....

....

....

....

....

....

....

....

....

....

....

21. Dezember

Adventslied für das Baby

Musik kann eine wundervolle Art sein, mit deinem Baby zu kommunizieren, bevor es geboren ist. Schreibe oder singe ein Lied für dein Baby.

ANLEITUNG

Wähle ein bekanntes Advents- oder Wiegenlied und ändere den Text, um es persönlich für dein Baby zu gestalten, oder wenn du musikalisch bist, komponiere ein ganz neues Lied. Singe es dann deinem Baby vor.

Wie fühlst du dich, wenn du für dein Baby singst? Was war die Inspiration für deinen Liedtext?

....

....

....

....

22. Dezember

Gesundes Weihnachtsmenü

Ernährung ist während der Schwangerschaft besonders wichtig. Plane ein gesundes Weihnachtsmenü, das lecker ist und dich und dein Baby mit wichtigen Nährstoffen versorgt.

ANLEITUNG

Überlege dir ein gesundes Weihnachtsmenü, das alle wichtigen Nährstoffe enthält. Du könntest zum Beispiel einen leckeren Salat als Vorspeise wählen, ein proteinreiches Hauptgericht und ein fruchtiges Dessert.

Was hast du für dein gesundes Weihnachtsmenü geplant? Warum hast du diese speziellen Gerichte ausgewählt?

....

....

....

....

....

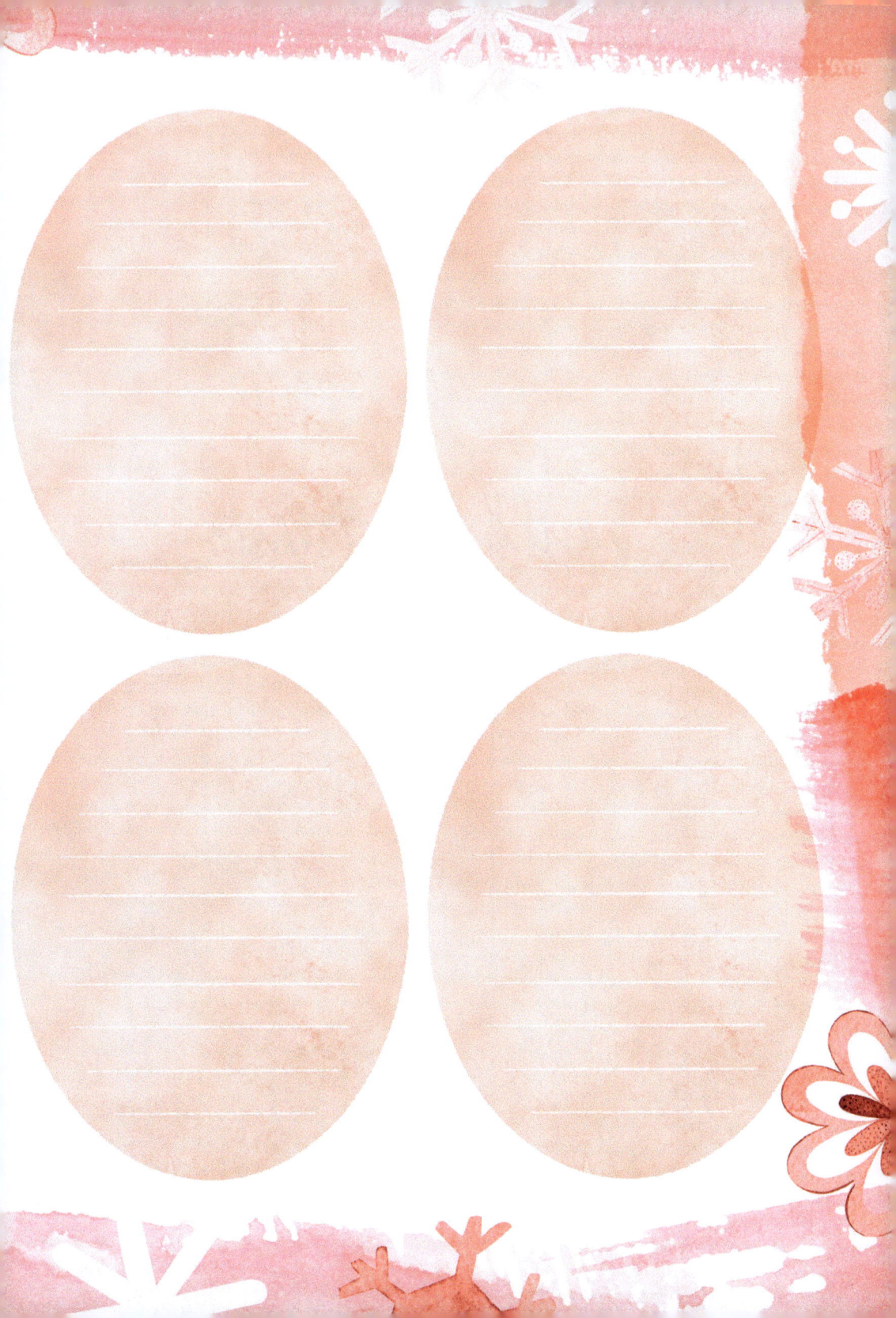

23. Dezember

"Nur eine Mutter weiß allein, was lieben heißt und glücklich sein."

ALBERT CAMUS

Dankbarkeitsliste

Manchmal kann es hilfreich sein, sich auf die positiven Aspekte des Lebens zu konzentrieren. Erstelle eine Liste von Dingen, für die du in diesem Jahr besonders dankbar bist.

ANLEITUNG

Denke darüber nach, was in diesem Jahr gut gelaufen ist oder was du erreicht hast. Was hat dir Freude bereitet? Für was bist du besonders dankbar? Schreibe alles auf.

Was steht auf deiner Dankbarkeitsliste?

Wie fühlst du dich, wenn du auf das Positive
in deinem Leben fokussierst?

24. Dezember

4. ADVENT

HEILIGABEND IST DA!

Weihnachtsgeschichte für das Baby

Schreibe eine spezielle Weihnachtsgeschichte für dein Baby. Es kann eine Geschichte sein, die du ihm in den kommenden Jahren immer wieder vorlesen kannst.

ANLEITUNG

Denke darüber nach, was Weihnachten für dich bedeutet. Ist es die Familie, das Teilen, das Geben, die Liebe? Nutze diese Themen als Inspiration für deine Geschichte. Es kann auch eine Fantasiegeschichte sein, vielleicht über Weihnachtselfen, magische Rentiere oder einen Wunschbaum.

Wie fühlt es sich an, eine Geschichte für dein Baby zu schreiben? Gibt es eine besondere Botschaft, die du deinem Kind mit deiner Geschichte vermitteln möchtest?

....

....

....

....

Liebe Mama,

Du bist nun am Ende dieses Buches angelangt, aber in Wirklichkeit steht dir das größte Abenteuer noch bevor. Die Reise der Mutterschaft hat gerade erst begonnen und sie wird voller Wunder, Freude, Herausforderungen und grenzenloser Liebe sein.

Dieses Buch war dazu gedacht, dich auf diese Reise vorzubereiten und dir eine liebevolle Erinnerung an die Monate der Vorfreude zu hinterlassen. Jede Seite, die du ausgefüllt hast, ist ein Zeugnis deiner Liebe, deiner Hoffnungen und Träume für dein Baby. Es ist ein Geschenk, das du deinem Kind eines Tages überreichen kannst – ein Einblick in die Zeit, bevor es geboren wurde, geprägt von deiner Zuneigung und Erwartung.

Während du diesen neuen Weg betrittst, denke daran, dass es keine perfekte Mutter gibt, aber es gibt Millionen von Möglichkeiten, eine gute Mutter zu sein. Es ist okay, Fehler zu machen, es ist okay, um Hilfe zu bitten, und es ist mehr als okay, dir selbst Pausen zu gönnen. Du bist genug, genau so wie du bist, und die Liebe, die du für dein Baby empfindest, wird dir immer den richtigen Weg weisen.

Vielleicht wirst du dieses Buch in ein paar Jahren wieder öffnen, und es wird dich an diese ganz besondere Zeit erinnern. Du wirst sehen, wie weit du gekommen bist und wie sehr du gewachsen bist. Und du wirst dir selbst dankbar sein, dass du diesen Momenten Raum gegeben hast, um sie zu schätzen und festzuhalten.

Bewahre dieses Buch gut auf. Es ist nicht nur ein Tagebuch deiner Schwangerschaft, es ist auch ein Zeugnis deiner Stärke, deines Mutes und deiner unendlichen Liebe.

Auf deine Reise als Mama

Aber das Buch endet hier noch nicht ganz. Hinter
diesem Nachwort haben wir noch einige weitere Seiten
für dich vorbereitet, die dir die Möglichkeit bieten,
noch tiefere und persönlichere Gedanken und Gefühle
festzuhalten. Du findest Seiten, auf denen du über deine
körperlichen Veränderungen, deine Träume und Ängste, die
Ratschläge, die du erhalten hast, und deine Gedanken zur
bevorstehenden Geburt schreiben kannst. Außerdem gibt
es Platz für Briefe von Familie und Freunden, die Geschichte
von dir und dem Vater deines Kindes und natürlich auch
für die wertvollen Ultraschallbilder deines Babys.

Bitte nimm dir Zeit, diese Seiten auszufüllen. Es wird
dir nicht nur dabei helfen, diese außergewöhnliche Zeit
festzuhalten, sondern auch, deinen Gedanken und Gefühlen
freien Lauf zu lassen.

Dies ist ein außergewöhnlicher Abschnitt deines Lebens,
und wir hoffen, dass dieses Buch dich dabei begleitet
und unterstützt hat. Möge es ein liebevoller Begleiter auf
deinem Weg zur Mutterschaft sein.

Mein Körper verändert sich

Die Schwangerschaft ist eine Zeit der tiefgreifenden körperlichen Veränderungen. Nutze diese Seite, um über die Veränderungen zu reflektieren, die du bemerkt hast, und sie festzuhalten. Wie fühlt es sich an? Was hat dich überrascht? Denke daran, jeder Körper ist einzigartig und erlebt diese Reise auf seine Weise.

....

....

....

....

....

....

....

....

....

....

....

....

....

....

....

....

....

Meine Träume

Jede Mutter hat Träume und Hoffnungen für ihr Kind. Welche sind deine? Schreibe sie hier auf und lass sie als liebevolle Botschaft für die Zukunft deines Kindes zurück.

Meine Ängste

Es ist natürlich, Ängste und Sorgen zu haben, wenn man ein Kind erwartet. Dies ist ein sicherer Ort, um diese Ängste auszudrücken und zu teilen. Du bist nicht allein und deine Gefühle sind wichtig.

Tipps und Ratschläge

Während der Schwangerschaft erhält man oft viele Ratschläge und Tipps. Notiere hier diejenigen, die dir am hilfreichsten oder bedeutungsvollsten erscheinen.

Mama und Papa erzählen

Hier ist Platz für dich und den Vater deines Kindes, um eure Geschichte zu erzählen. Wie habt ihr euch kennengelernt? Was liebt ihr aneinander? Wie fühlt ihr euch, jetzt da ihr Eltern werdet?

Gedanken und Gefühle über die bevorstehende Geburt

Die bevorstehende Geburt kann viele Gefühle hervorrufen. Schreibe hier auf, wie du dich fühlst, welche Erwartungen du hast und wie du dich auf diesen besonderen Moment vorbereitest.

Impressum

© Sophie Bergmann

Das Werk ist urheberrechtlich geschützt. Jede Verwendung ohne die ausschließliche Erlaubnis des Autors ist untersagt. Dies gilt insbesondere für Vervielfältigung, Verwertung, Übersetzung und die Einspeicherung und Verarbeitung in elektronischen Systemen.

Für Fragen und Anregungen:
info@dulangon-verlag.de

ISBN: 978-3-910661-21-9

Originalausgabe
Erste Auflage 2022
© 2023 Imprint der Dulangon LLC, St. Petersburg, US

Redaktion: Marianne Link
Lektorat und Korrektorat: Peter Klausen
Covergestaltung: Danileoart, www.danileoart.com
Satz und Layout: Danileoart

Alle Rechte vorbehalten. Vervielfältigung auch auszugsweise, nur mit schriftlicher Genehmigung des Verlages.